LES

CANTINES SCOLAIRES

DU

XIIᵉ ARRONDISSEMENT

PAR

C. ADENIS

Délégué Cantonal

Administrateur-Trésorier de la Caisse des Écoles du XIIe Arrondissement

Officier d'Académie

1898

LES

CANTINES SCOLAIRES

DU

XIIe ARRONDISSEMENT

Depuis leur fondation, 1" Février 1882

jusqu'au 31 Décembre 1897

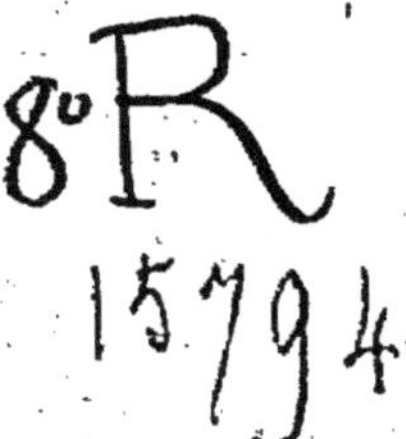

LES

CANTINES SCOLAIRES

DU

XIIe ARRONDISSEMENT

PAR

C. ADENIS

Délégué Cantonal

Administrateur-Trésorier de la Caisse des Écoles du XIIe Arrondissement

Officier d'Académie

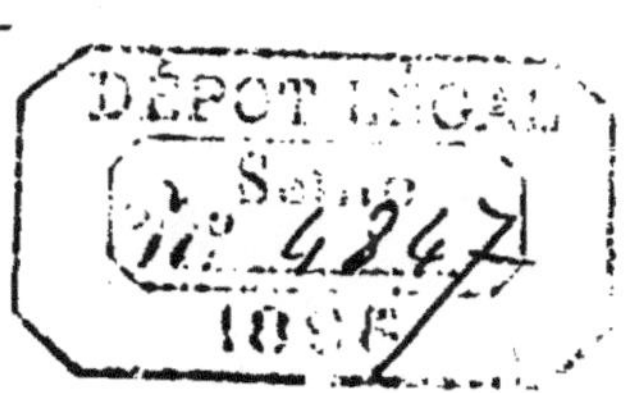

1891

LES

CANTINES SCOLAIRES

DU

XIIe ARRONDISSEMENT

Au mois d'août 1879, le Conseil municipal renvoyait à l'Administration un projet de vœu présenté par M. Mallet, et tendant à ce que l'Administration fût invitée à étudier les moyens de faire distribuer dans les écoles communales de la Ville de Paris, des aliments chauds à tout enfant dont les parents seraient inscrits au Bureau de bienfaisance.

L'Administration se mit immédiatement en mesure de déférer à l'invitation qui lui était adressée par le Conseil municipal et, par une circulaire en date du 4 août 1879, M. le Préfet demanda à MM. les Maires de chaque arrondissement de vouloir bien lui fournir les divers renseignements nécessaires pour l'étude de cette importante question.

A l'aide de ces renseignements, l'Administration fit

préparer et soumettre au Conseil municipal un projet tendant à l'installation, dans les écoles et dans les salles d'asiles communales, de Cantines scolaires destinées à procurer aux enfants qui fréquentent ces établissements, une nourriture saine et chaude pour le repas de onze heures et demie.

Ce projet reçut l'approbation du Conseil municipal qui, dans sa séance du 20 décembre 1880, inscrivit au budget de 1881, conformément aux propositions de l'Administration, pour l'établissement et l'organisation des Cantines scolaires, un crédit de **quatre cent quatre-vingt mille francs.**

En premier lieu, se présentait la question de savoir si la gratuité des distributions d'aliments devait être étendue à tous les enfants sans exception, ou si elle serait restreinte aux enfants nécessiteux.

L'idée de la gratuité complète des distributions d'aliments dut être écartée.

Sans parler des difficultés pratiques d'une pareille mesure et des charges considérables qu'elle ferait peser sur les finances municipales, on reconnut qu'il y aurait de graves inconvénients, au point de vue moral, à prodiguer à tous, sans exception, une assistance qui n'est due qu'aux familles réellement intéressantes

En déchargeant les parents de toute responsabilité à l'égard de leurs enfants, en les habituant à se désintéresser de leurs devoirs, on risquerait d'affaiblir l'esprit de famille, au grand détriment de la moralité des enfants et de celle des parents eux-mêmes.

Il fut décidé, en conséquence, qu'on n'admettrait à bé-
néficier gratuitement des distributions d'aliments que les
enfants reconnus nécessiteux, sans exiger toutefois que
leurs parents fussent inscrits au Bureau de bienfaisance.
Car on peut se trouver en présence d'infortunes qui, pour
n'être pas publiquement avouées, n'en sont pas moins
dignes d'intérêt.

Venait ensuite la question du mode à adopter pour l'organisation et l'administration des Cantines scolaires.

On pensa que MM. les Maires trouveraient, tant parmi
les membres des Comités des Caisses des Ecoles que parmi
les membres des Délégations cantonales, des collaborateurs
dévoués et désintéressés, en nombre suffisant pour
exercer, sur la gestion de chaque Cantine, la surveillance
assidue et quotidienne, indispensable pour prévenir
les abus.

La dernière question à résoudre était celle du mode de
distribution de soupes, de viandes et de légumes.

Le but de la Cantine étant de fournir des aliments sains
à tous les enfants fréquentant l'école, aussi bien gratuitement aux nécessiteux que moyennant une faible
rétribution aux enfants des familles plus aisées, il était
essentiel d'éviter dans le mode de distribution, toute
distinction de nature à blesser la susceptibilité des parents
moins heureux.

Après avoir étudié diverses combinaisons, l'Administration pensa qu'on obtiendrait ce résultat, en adoptant pour
toutes les portions, payées ou non, un système de bons
uniformes qui seraient remis, contre argent, aux familles

en état de les payer, et donnés gratuitement aux enfants pauvres.

Ces bons seuls auraient cours auprès des Cantiniers, auxquels il serait absolument interdit de recevoir aucun paiement en argent.

Ce système aurait d'ailleurs l'avantage de simplifier la comptabilité et de rendre le contrôle plus facile.

La distribution et la vente des bons seraient confiés à un service spécial organisé à la Mairie de chaque arrondissement et placé sous la surveillance directe du Maire, du Comité de la Caisse des Écoles et, au besoin, de la Délégation cantonale.

Les membres de ces assemblées auraient, à tour de rôle, la mission de présider à ce service, d'en contrôler la comptabilité et de prendre, sous leur responsabilité, toutes décisions concernant l'attribution des bons gratuits.

La délivrance de ces bons ne devant pas être rigoureusement limitée aux enfants de parents inscrits au Bureau de bienfaisance, le Maire et les membres du Comité de la Caisse des Écoles auraient toute liberté d'appréciation pour ce qui concerne la désignation des enfants auxquels ces bons sont attribués, sauf à justifier de l'emploi de la subvention allouée par le Conseil municipal, en fournissant un compte rendu annuel des opérations accomplies pendant l'année, compte rendu indiquant le nombre des portions, gratuites ou payantes, données dans chaque école ou salle d'asile, le détail des recettes et dépenses effectuées : en un mot, le mouvement général du service des Cantines.

Cette organisation dut exclure toute participation des

instituteurs et des institutrices dans la répartition des bons gratuits, participation qui doit être évitée.

La mission d'accorder ou de refuser les bons gratuits, placerait, en effet, les instituteurs et institutrices dans la situation la plus délicate à l'égard des familles et amènerait des conflits dont l'autorité de l'instituteur ou de l'institutrice et la discipline de l'école auraient certainement à souffrir.

En résumé :

Gratuité absolue des distributions d'aliments pour les enfants reconnus indigents, que leurs parents soient inscrits ou non au Bureau de bienfaisance ;

Organisation et administration des Cantines scolaires confiées dans chaque arrondissement au Maire et au Comité de la Caisse des Ecoles ;

Enfin, pour le mode de distribution des portions, adoption d'un système de bons uniformes à remettre, contre argent, aux enfants en état de les payer, et à donner gratuitement aux enfants nécessiteux.

Telles furent les bases principales de l'organisation du service des Cantines scolaires.

Sous la réserve de se conformer à ces conditions générales, chaque arrondissement était libre d'adopter, dans le détail, les modes d'organisation qui lui convenaient le mieux.

C'est ainsi, par exemple, que toute liberté était laissée aux Comités locaux pour la désignation des Cantiniers, pour la détermination du mode d'achat des denrées et du combustible, pour la fixation du prix des portions, etc.

C'est à ces Comités, en outre, qu'appartiendrait le soin de présider à l'achat des ustensiles nécessaires à chaque Cantine, l'Administration centrale se bornant à pourvoir aux dépenses d'installation foncière, c'est-à-dire à la construction des fourneaux dans les établissements où il n'en existe pas, et à l'entretien de ces fourneaux, lequel est assuré par les architectes de la Ville de Paris.

Toutefois, pour ce qui concerne la préparation des aliments, afin de ne pas multiplier outre mesure le nombre des agents introduits dans les écoles, les Comités locaux trouveraient, dans la plupart des cas, tout avantage à confier cette préparation, soit à la concierge, soit à la femme de service chargée du balayage et de l'allumage des poêles.

Cependant, toute liberté fut laissée, à cet égard, aux Comités locaux, à qui devait appartenir en outre le droit de fixer le mode et le taux de rémunération de l'agent chargé de la comptabilité et du service de la Cantine.

En exécution de ces instructions, le Comité de la Caisse des Ecoles nomma une Commission spéciale chargée d'élaborer un règlement de nos Cantines. Après plusieurs mois d'expériences, cette Commission adopta le règlement ci-après qui fut mis définitivement en vigueur dans les Cantines de nos écoles, à la date du 1er février 1882.

RÈGLEMENT

DES

CANTINES SCOLAIRES

ARTICLE Ier

Afin de donner des aliments chauds, aux repas de midi, aux enfants qui fréquentent les Écoles primaires et les Écoles maternelles, il est créé dans le XIIe Arrondissement *vingt* Cantines scolaires, savoir :

1° **Rue Bignon, 4**
Écoles de garçons et de filles.

2° **Avenue Daumesnil**
École maternelle.

3° **Place de la Nativité**
Écoles de garçons et maternelle.

4° **Passage Corbes**
École de filles.

5° Rue de Charenton, 315
École de garçons.

6° Rue du Rendez-Vous, 63
École de garçons.

7° Rue Ruty, 4
École de filles.

8° Rue Ruty, 5
École maternelle.

9° Rue de Reuilly, 74
Écoles de garçons et de filles.

10° Rue de Reuilly, 77
Écoles de filles et maternelle

11° Rue de Reuilly, 39
École de garçons.

12° Rue de Reuilly, 21
École maternelle.

13° Rue de Reuilly, 17
École de filles.

14° Rue de Citeaux, 26
Écoles de filles et maternelle.

15° Rue d'Aligre, 5
Écoles de garçons et de filles.

16° Rue Traversière, 37
École maternelle.

17° **Boulevard Diderot, 40**
École de garçons.

18° **Impasse Jean-Bouton, 5 et 7**
Écoles de filles et maternelle

19° **Rue de Reuilly, 57**
École de garçons.

20° **Rue de Reuilly, 57**
École de filles.

Toutes ces Cantines seront pourvues, par les soins de la Caisse des Écoles, du matériel nécessaire à leur fonctionnement.

ARTICLE II

Chaque Cantine est tenue par le concierge de l'établissement dans lequel elle est installée et, à son défaut, par toute autre personne désignée par le Comité de la Caisse des Écoles.

La surveillance en est confiée à un Délégué de la Caisse des Écoles et à tous les Directeurs et Directrices des Écoles primaires et Écoles maternelles où elle fonctionne.

Le Directeur ou la Directrice pourra contrôler chaque jour la quantité et la qualité des mets servis par le Cantinier et assister, à 11 heures 1/2, à la distribution des gamelles.

ARTICLE III

La nature, la quantité et le poids des aliments à servir sont fixés ainsi qu'il suit, sans qu'ils puissent être changés ni réduits

Écoles primaires

Lundi. . . Pommes de terre (30 centilitres).

Mardi. . . Soupe et bœuf (30 centilitres de bouillon, 50 grammes de viande cuite).

Mercredi . Saucisses aux légumes (légumes 20 centilitres, saucisses cuites 25 grammes).

Jeudi . . . Néant.

Vendredi . Lentilles ou macaroni, haricots ou nouilles (30 centilitres de l'un des mets).

Samedi . . Soupe et bœuf (30 centilitres de bouillon, 50 grammes de viande cuite).

Écoles maternelles

Lundi . . . Pommes de terre (25 centilitres).

Mardi. . . Soupe et bœuf (20 centilitres de bouillon, 35 grammes de viande cuite).

Mercredi . Saucisses aux légumes (25 centilitres).

Jeudi . . . Vermicelle, riz ou semoule au lait sucré (25 centil.).

Vendredi . Lentilles ou macaroni, haricots ou nouilles (25 centilitres de l'un des mets).

Samedi . . Soupe et bœuf (20 centilitres de bouillon, 35 grammes de viande cuite).

Le prix des portions est fixé uniformément à *dix* centimes.

Les saucisses devront être faites complètement en viande
de porc, sans aucun mélange.

ARTICLE IV

- L'entreprise du Cantinier est à forfait; il est tenu de fournir les aliments indiqués en l'article précédent, à tout enfant, contre la remise d'un bon de Cantine émis par la
Mairie.

La valeur de ces bons lui sera payée à la Mairie, bureau
des Cantines, le jeudi de chaque semaine, de 8 à 10
heures du matin, à raison de *quinze centimes* (o fr. 15)
pour chaque bon venant d'une école primaire et de douze
centimes cinq millièmes (o fr. 125) pour tout bon provenant d'une école maternelle.

Le Cantinier fait réchauffer gratuitement les aliments
apportés par les enfants, mais il lui est interdit d'en faire
cuire moyennant salaire. Dans aucun cas et sous aucun
prétexte, il ne doit recevoir d'argent à propos de la Cantine.

ARTICLE V

Toutes les fois que la vérification opérée sur *cinq* portions au minimum prises au hasard, fera ressortir que la
quantité fixée ci-dessus n'a pas été donnée, il sera retenu

sur le prix des portions servies dans la journée, une somme proportionnelle au déficit constaté.

ARTICLE VI

Les bons payants seront distribués par le Directeur ou la Directrice, suivant le mode qui leur conviendra le mieux, aux enfants ou aux familles des enfants fréquentant leur établissement, contre la remise d'une somme de *dix centimes* par bon.

ARTICLE VII

Les bons gratuits seront délivrés à la Mairie, bureau des Cantines, le dimanche de 9 heures du matin à 3 heures du soir.

Toutes les familles nécessiteuses qui croiront avoir droit à la gratuité totale ou partielle, devront en faire la demande par une lettre adressée au Maire, en faisant connaître leur position. Ces demandes seront examinées par une Commission de membres de la Caisse des Ecoles, qui statuera après enquête.

Une personne de la famille devra se présenter le *premier* ou le *troisième* dimanche du mois, au bureau des Cantines, pour connaître la suite donnée à sa demande.

Deux fois par an (à la rentrée des Ecoles et à Pâques), la Commission statuera de nouveau sur toutes les gratuités précédemment accordées.

Article VIII

La comptabilité des Cantines sera centralisée à la Mairie.

Elle se compose :

1° D'un livre journal comprenant un compte de toutes les opérations de la Caisse, recettes et dépenses, et un compte particulier à chaque Cantine ;

2° D'un registre contenant le compte matiëre des entrées et sorties des bons de Cantine.

Article IX

Une indemnité de *huit cents francs* est allouée à l'employé chargé de la distribution des bons gratuits et de toute la comptabilité des Cantines.

Le service des classes de garde et des classes de vacances ayant pris, depuis quelques années, une très sérieuse importance, et ces classes étant fréquentées principalement par la population scolaire indigente, le Comité de la Caisse des Ecoles de l'arrondissement, ne voulant

2

pas priver les enfants pauvres du bienfait de la Cantine, résolut de modifier le menu quotidien des Cantines qu'elle fixa ainsi qu'il suit :

(Règlement en vigueur depuis le 15 février 1897)

La nature, la quantité et le poids des aliments à servir sont fixés ainsi qu'il suit, sans qu'ils puissent être changés ni réduits.

Écoles primaires

Lundi. . . Saucisses aux légumes (20 centilitres de légumes, 25 grammes de saucisses cuites).

Ancien Règlement. — Pommes de terre (30 centilitres).

Mardi. . . Soupe et bœuf (30 centilitres de bouillon, 50 grammes de viande cuite).

Ancien Règlement. — Même menu.

Mercredi . Lentilles, macaroni, haricots ou nouilles au gras (30 centilitres de l'un des mets).

Ancien Règlement. — Saucisses aux légumes (20 centilitres de légumes, 25 grammes de saucisses cuites).

Jeudi . . . Saucisses aux légumes (20 centilitres de légumes 25 grammes de saucisses cuites).

Ancien Règlement. — Cantine fermée, pas de menu.

Vendredi ; Pommes de terre au lard (30 centilitres).

Ancien Règlement. — Lentilles, macaroni, haricots ou nouilles (30 centilitres de l'un de ces mets).

Samedi . . Soupe et bœuf (30 centilitres de bouillon, 50 grammes de viande cuite).

Ancien Règlement. — Même menu.

Écoles maternelles

Lundi. . . Pommes de terre au lard (25 centilitres).
> Ancien Règlement. — Même menu.

Mardi. . . Soupe et bœuf (20 centilitres de bouillon, 35 grammes de viande cuite).
> Ancien Règlement. — Même menu.

Mercredi . Lentilles, macaroni, haricots ou nouilles au gras (25 centilitres de l'un des mets).
> Ancien Règlement. —' Saucisses aux légumes (20 centilitres de légumes, 20 grammes de saucisses cuites).

Jeudi . . . Vermicelle, riz ou semoule au lait sucré (25 centilitres).
> Ancien Règlement. —· Même menu.

Vendredi . Saucisses aux légumes (20 centilitres de légumes, 20 grammes de saucisses cuites).
> Ancien Règlement. — Lentilles, macaroni, haricots ou nouilles (25 centilitres de l'un des mets).

Samedi . . Soupe et bœuf (20 centilitres de bouillon, 35 grammes de viande cuite).
> Ancien Règlement. — Même menu.

Il convient de remarquer que non seulement ce nouveau règlement prescrivait le fonctionnement régulier de la Cantine, le jeudi, dans les écoles primaires, mais qu'il introduisait une amélioration dans la préparation des aliments à distribuer. Il en résulte que, depuis le 15 février 1897, nos élèves reçoivent, deux fois par semaine, une ration de trente centilitres de bouillon et de cinquante grammes de viande cuite ; deux autres fois, vingt centilitres de légumes avec une saucisse cuite de vingt-cinq grammes; une fois, des pommes de terre au lard, et une fois, un plat de légumes au gras.

Le premier paragraphe de l'article 7 du règlement du 1er février 1882, dut être modifié en 1892, en raison des abus provenant de la remise directe aux intéressés des bons de gratuité. A différentes reprises, en effet, il fut constaté que certains parents, peu scrupuleux, revendaient, à raison de *Cinq centimes* l'un, les bons qu'ils avaient reçus de la Mairie pour leurs enfants. Pour supprimer de tels agissements, il fallut étudier un nouveau mode de distribution des bons de gratuité.

Afin de prévenir radicalement tout trafic illicite, *il fut décidé que les intéressés ne recevraient plus eux-mêmes leurs bons de gratuité.*

A cet effet, une circulaire prescrivit aux Directeurs et Directrices de remettre, chaque matin, à tout enfant muni d'une carte spéciale délivrée par la Mairie (voir Annexe n° 1), le bon qui lui permettrait de recevoir gratuitement son repas de midi.

De cette manière, tout moyen de fraude fut supprimé, et la Caisse des Cantines n'eut plus à opérer que le remboursement des portions servies aux élèves présents à l'école.

Comme conséquence de cette mesure, un compte particulier est ouvert pour chaque école. Les Directeurs et Directrices, comptables des avances de bons que leur a faites le service des Cantines, doivent fournir hebdomadairement au Secrétaire chargé de ce service, le relevé numérique des bons gratuits et payants qu'ils ont délivrés pendant chaque semaine écoulée (voir Annexe n° 2).

Vérification faite de ce relevé, le Secrétaire établit, après avoir compté les bons que lui a remis le Cantinier de chaque école, l'état de paiement (voir Annexe n° 3) des sommes dues à tous les Cantiniers.

Ces derniers reçoivent le montant de ces sommes le jeudi matin, après en avoir émargé l'acquit.

Lorsque la provision de bons gratuits dont il est gérant est épuisée, le Directeur ou la Directrice renouvelle cette provision en faisant connaître, au moyen d'un bon (voir Annexe n° 4), la quantité de bons qu'il désire. Ce nombre est aussitôt porté au compte particulier de son école. De même pour les bons payants; mais le bon de commande (voir Annexe n° 5) est alors accompagné de la somme équivalente à la valeur payée de ces bons vendus aux élèves à *Dix centimes* l'un. C'est-à-dire que lorsqu'un Directeur d'école a vendu, par exemple, *Cinq cents* bons à *Dix centimes,* il doit, pour renouveler son avance de bons payants, verser au Secrétaire de la Caisse des Cantines la somme de *Cinquante francs.*

Ces sommes sont portées à la fois en dépenses au compte de l'école et, en recettes, au compte de Caisse du service des Cantines

Le tableau récapitulatif résumant le mouvement de nos Cantines fait connaître la recette annuelle provenant de la vente de ces bons (voir page n° 24, col. n° 2).

Sous le contrôle assidu des délégués, auquel vient s'ajouter la surveillance constante exercée par les Directeurs et Directrices, les Cantines ont toujours très réguliè-ment fonctionné, sans à-coup, et à l'entière satisfaction de tous.

Aussi les résultats obtenus ont-ils dépassé toutes les espérances; le résumé des opérations de nos Cantines, établi ci-après, en est la meilleure preuve.

TABLEAU

indiquant le mouvement progressif des Cantines

Dates des Exercices	Nombre des portions servies
Du 1er février 1882 au 1er août 1882	282.135 (1)
Du 1er octobre 1882 au 1er octobre 1883 . .	481.434 (1)
Du 1er octobre 1883 au 1er octobre 1884. . .	429.226
— 1884 — 1885. . .	292.336
— 1885 — 1886. . .	261.627
— 1886 — 1887. . .	239.753
— 1887 — 1888. . .	237.710
— 1888 — 1889. . .	306.218
— 1889 au 31 décemb. 1890. . .	443.624 (2)
Année 1891	373.489
— 1892 . . . . — . .	367.980
— 1893	359.488
— 1894	392.455
— 1895	402.973
— 1896	433.857
— 1897	458.805

(1) Du 1er février 1882 au 1er octobre 1883, période d'organisation : le fonctionnement normal et régulier des Cantines ne datant que du 1er octobre 1883.

(2) 15 mois d'Exercice.

TABLEAU récapitulatif des Recettes

DATES DES EXERCICES	SUBVENTION du CONSEIL MUNICIPAL	PRODUIT DE LA VENTE des BONS PAYANTS	TOTAL
Du 1er Octobre 1883 au 1er Octobre 1884.	50.000 »	(2) 32.328 15	82.328 15
— 1884 — 1885. . . .	20.000 »	20.449 »	40.449 »
— 1885 — 1886. . . .	20.000 »	17.431 65	37.431 65
— 1886 — 1887. . . .	20.000 »	13.678 85	33.678 85
— 1887 — 1888. . . .	30.000 »	13.196 70	43.196 70
— 1888 — 1889. . . .	23.040 »	10.600 05	33.640 05
— 1889 au 31 Décembre 1890.	52.000 »	15.710 »	67.710 »
Année 1891.	47.870 »	13.398 50	61.268 50
— 1892.	39.770 »	12.680 »	52.450 »
— 1893.	41.800 »	12.315 30	54.115 30
— 1894.	44.570 »	11.819 90	56.389 90
— 1895.	50.425 »	11.558 »	61.983 »
— 1896.	49.946 »	12.240 »	62.186 »
— 1897.	60.030 »	14.060 »	74.090 30

TABLEAU récapitulatif des Dépenses

DATES DES EXERCICES	FRAIS D'ADMINIS-TRATION	MATÉRIEL	PAYÉ aux CANTINIERS	MENUS FRAIS	ACHAT de PAIN	TOTAL
Du 1er Octobre 1883 au 1er Octobre 1884.	800 »	1.820 »	64.589 25	19 50	» »	67.228 75
— 1884 — 1885.	800 »	1.649 90	42.545 15	18 20	» »	45.013 25
— 1885 — 1886.	800 »	1.300 »	36.855 65	30 80	» »	38.986 45
— 1886 — 1887.	800 »	2.278 95	33.898 »	64 50	» »	37.041 45
— 1887 — 1888.	800 »	1.718 10	33.493 25	67 »	» »	36.078 65
— 1888 — 1889.	800 »	1.820 85	43.624 40	150 10	» »	46.395 35
— 1889 au 31 Décembre 1890.	1.000 »	2.910 40	63.222 »	142 70	» »	67.275 10
Année 1891.	800 »	2.004 80	52.872 05	27 20	» »	55.704 05
— 1892.	800 »	1.511 05	52.842 60	38 05	» »	55.191 70
— 1893.	800 »	2.570 95	52.204 65	34 50	131 60	55.741 70
— 1894.	800 »	2.558 »	56.208 15	32 80	492 »	60.090 95
— 1895.	800 »	1.859 80	57.797 35	31 70	600 90	61.089 75
— 1896.	800 »	1.666 95	62.272 10	27 30	777 50	65.543 85
— 1897.	800 »	1.550 55	64.926 75	31 70	419 40	68.728 40

TABLEAU

indiquant par Exercice la moyenne du prix

de revient de chaque portion.

Dates des Exercices	Portions délivrées	Montant de la dépense annuelle	Moyenne
Du 1er oct. 1883 au 1er oct. 1884.	489.226	67.228 75	0.137
— 1884 — 1885.	292.336	45.013 25	0.154
— 1885 — 1886.	261.627	38.986 45	0.149
— 1886 — 1887.	239.753	37.041 45	0.155
— 1887 — 1888.	237.710	36.078 65	0.151
— 1888 — 1889.	306.218	46.395 35	0.151
— 1889 au 31 déc. 1890.	443.624	67.275 10	0.151
Année 1891.	373.489	55.704 05	0.149
— 1892.	367.980	55.491 70	0.149
— 1893.	359.488	55.741 70	0.155
— 1894.	392.455	60.090 95	0.153
— 1895.	402.973	61.089 75	0.151
— 1896.	433.857	65.543 85	0.151
— 1897.	458.805	68.728 40	0.149

Moyenne générale 0 fr. 15

Pendant le cours de l'exercice 1897 le nombre des Cantines a été réduit d'une unité.

Le groupe de la rue de Reuilly 57 ne comprenait auparavant qu'une école de garçons et une école de filles, ayant chacune un Cantine distincte. Une nouvelle école maternelle y a été ouverte et le service de la Cantine de cette école, comme celui de l'école de garçons et de l'école de filles, est assuré par la même Cantinière.

Une mesure analogue a été prise en ce qui concerne le nouveau groupe situé rue de Pomard et rue de Bercy. Ce groupe comprend également une école de garçons, une nouvelle école de filles et une école maternelle; il remplace l'ancien groupe de la rue de Dijon qui ne se composait que de l'école de garçons et de l'école maternelle.

Il y a donc actuellement 21 Cantines qui assurent le service des 31 écoles communales de l'arrondissement. Elles ont eu à préparer et à distribuer, pendant le cours du dernier exercice, 458,805 rations, au lieu de 433,857 en 1896; soit une augmentation de 25,000 rations, en chiffre rond, sur l'exercice précédent.

L'augmentation continue, progressive, du mouvement de nos Cantines qui semblent avoir atteint actuellement leur maximum de développement, fait ressortir éloquemment leur incontestable utilité, leur but si philanthropique.

L'importance des chiffres désignés aux tableaux précédents ne peut échapper à personne, surtout lorsque nous aurons ajouté que près de deux mille cinq cents enfants nécessiteux bénéficient chaque jour, gratuitement, des précieux avantages que leur offre l'institution des Cantines.

Malgré cela, l'organisation de nos Cantines fut, il faut le dire, critiquée dans un rapport adressé à la Direction de l'Enseignement par Mme l'Inspectrice chargée du matériel et du contrôle des dépenses des Cantines scolaires dans les écoles maternelles.

Mme l'Inspectrice constatait :

1° Que le menu ne comporte que du bœuf bouilli et de la charcuterie, aliments d'une digestion difficile pour des estomacs d'enfants ;

2° Que les jours de pot-au-feu, le pain n'est pas servi dans les gamelles remises aux enfants et contenant seulement le bouillon et la viande ;

3° Que le soin de l'achat des aliments est laissé aux Cantiniers qui peuvent, de ce fait, opérer des bénéfices peu licites.

Le Comité s'empressa de donner des explications et les renseignements suivants à la Direction de l'Enseignement, qui les agréa certainement, puisqu'il ne fut plus question du rapport de Mme l'Inspectrice des écoles maternelles.

« Lors de la fondation des Cantines scolaires, le Comité de la Caisse des Ecoles, pénétré avant tout de ses devoirs et soucieux de l'intérêt et du bien-être des enfants des écoles de l'arrondissement, accepta avec empressement le projet de vœu présenté par M. Mallet et tendant à ce que l'Administration fût invitée à étudier les moyens de faire distribuer des aliments chauds aux enfants nécessiteux des écoles communales.

« Il se mit immédiatement à l'œuvre, et, après de sin-
cères et laborieux efforts, élabora le règlement désigné
antérieurement.

« Ce règlement, établi autant que possible d'après les
instructions si précises de M. le Préfet Hérold, parut, aux
membres du Comité de la Caisse des Ecoles, devoir ainsi
ménager les intérêts de la Ville de Paris, tout en permet-
tant de faire participer le plus grand nombre possible d'enfants aux bienfaits de la Cantine scolaire.

« Les résultats acquis donnèrent pleinement raison aux
prévisions, car, depuis leur fondation, comme le démontre
le tableau des rapports annuels (1), le mouvement des
Cantines n'a cessé de progresser. De plus, jamais aucune
réclamation concernant soit la qualité, soit la quantité des
mets servis aux enfants, n'a été adressée aux membres
chargés de la surveillance des Cantines.

« Le Comité de la Caisse des Ecoles, en élaborant le
menu des Cantines scolaires, crut agir dans l'intérêt même
de la santé des petits enfants des écoles maternelles, en
fixant qu'il leur serait servi pendant *deux* jours de la semaine un repas maigre suffisamment abondant et de
saine qualité, et un repas gras pendant les *quatre* autres
jours.

« Le bouillon gras et le bœuf bouilli sont servis le mardi
et le samedi, les saucisses avec légumes le jeudi, et,
d'après le règlement, il est expressément stipulé aux Cantiniers que les saucisses doivent être faites complètement

(1) Voir le tableau page 23.

en viande de porc sans aucun mélange. Du reste, aucune réclamation à ce sujet n'a été adressée au Comité de la Caisse des Ecoles soit par les parents, les Délégués ou MM. les Médecins Inspecteurs.

Quant au deuxième point signalé par Mme l'Inspectrice, constatant que le pain n'est pas servi avec le bouillon et la viande le jour où le pot-au-feu doit être consommé, la situation financière de la Caisse des Ecoles n'avait pas encore permis d'allouer aux enfants nécessiteux le pain nécessaire à la consommation des aliments qui leur étaient distribués. Les familles étaient toutes prévenues qu'elles devaient remettre à leurs enfants le pain pour le repas de midi.

Mais depuis le 1er janvier 1893 la situation s'est sensiblement améliorée puisque les enfants manquant de pain reçoivent gratuitement, au déjeuner de midi, une ration de pain de 250 grammes environ. A cet effet, un crédit annuel de *mille francs* est alloué par le Conseil municipal.

Ainsi il a été distribué :

En 1893, 1.316 rations de pain.
— 1894, 4.920 ---
— 1895, 6.009 —
— 1896, 7.775 —
— 1897, 4.194 —

La troisième et dernière observation présentée dans le rapport de Mme l'Inspectrice, constatait que le soin de l'achat des aliments est laissé aux Cantiniers qui peuvent, par là même, opérer des bénéfices peu licites.

« L'organisation des Cantines scolaires a été attribuée, dans chaque arrondissement, au Maire et au Comité de la Caisse des Ecoles. L'entreprise à forfait, confiée dès le début à chaque Cantinier, présentait des avantages incontestables, tant au point de vue pratique qu'au point de vue économique. L'expérience et les résultats ayant été satisfaisants, le Comite résolut d'adopter définitivement ce mode de procéder.

« Mais ce système n'implique pas de la part du Comité de la Caisse des Ecoles, que les Cantiniers soient libres du choix des aliments à distribuer aux enfants. Le règlement est formel à cet égard. La surveillance exercée sur les Cantiniers par MM. les Délégués, est rigoureuse et, de l'avis même de tous les Directeurs et Directrices d'écoles, qui assistent le plus souvent aux distributions, la qualité des mets servis dans les Cantines est bonne.

« De plus, le bénéfice effectué par les Cantiniers est assurément fort minime. Ils ne touchent aucune rétribution et ne reçoivent que le prix de *quinze* centimes par portion distribuée dans les écoles primaires, et *douze centimes cinq millièmes* par portion distribuée dans les écoles maternelles. En outre, ils sont obligés de faire réchauffer gratuitement les aliments des enfants ne mangeant pas à la Cantine. »

Pour donner satisfaction aux observations présentées par Mme l'Inspectrice, il faudrait supprimer l'entreprise à forfait avec les Cantiniers, installer à la Mairie un local où, chaque jour, un employé spécial serait chargé de recevoir tous les aliments et de les distribuer selon les besoins, à chaque Cantinier. Il en résulterait, d'une part, une augmentation considérable de frais généraux (*personnel, local, matériel,* etc.) et, d'autre part, un accroissessement sensible de dépenses au chapitre *Achat d'aliments,* les distributions journalières devant être basées sur le nombre maximum d'enfants pouvant être présents le lendemain à la Cantine, alors que ce nombre est fort irrégulier et très variable.

Il n'est donc pas possible, quant à présent, d'apporter une modification quelconque sur ce point au règlement, le système employé depuis de longues années ayant toujours paru satisfaisant à tous égards.

Une mesure, dont l'importance au point de vue hygiénique et sanitaire s'imposait, fut prise par le Comité de la Caisse des Ecoles au mois de mars 1894.

Chaque école fut, par ses soins, pourvue d'une fontaine de grès munie d'un filtre, et des ordres furent donnés pour que, chaque jour, cette fontaine soit remplie d'eau préalablement bouillie. Cette eau est mise ensuite à la disposition des élèves qui peuvent ainsi, sans danger aucun, satisfaire leur soif. Des gobelets d'étain ont été mis également, pour cet objet et en nombre suffisant, à la disposition des enfants.

La dépense résultant de cette installation s'est élevée à la somme de 539 francs.

L'entretien et le renouvellement du matériel nécessaire au fonctionnement des Cantines sont assurés par les soins de la Commission de surveillance de ce service, qui a pour mission de s'assurer principalement du parfait état de propreté de tous les ustensiles de cuisine pris en charge par les Cantiniers. L'étamage des marmites est exécuté deux fois par an, et celui des gamelles, cuillers, fourchettes et accessoires divers, pendant la période des grandes vacances.

Le nombre des Cantines en fonctions dans nos 31 écoles communales s'élève à 21, ainsi réparties à la date du 31 décembre 1897 (voir le tableau ci-contre).

TABLEAU

indiquant les Cantines de l'arrondissement.

NUMÉROS D'ORDRE	DÉSIGNATION DES ÉCOLES	DÉNOMINATION DES ÉCOLES
1	Rue d'Aligre, 3	Ecole de filles.
	Rue d'Aligre, 5	Ecole de garçons.
2	Rue Bignon, 4	Ecole de garçons.
	Rue Bignon. 6	Ecole de filles.
3	Impasse Jean-Bouton, 5	Ecole de filles
	Impasse Jean-Bouton, 7	Ecole maternelle.
4	Rue de Charenton, 49	Ecole de filles.
	Rue de Charenton, 51	Ecole de garçons.
5	Rue de la Lancette	Ecole de filles.
6	Rue de Charenton, 315	Ecole de garçons.
7	Rue de Citeaux, 24	Ecole maternelle.
	Rue de Citeaux, 26	Ecole de filles.
8	Boulevard Diderot, 40	Ecole de garçons.
9	Rue de Pomard	Ecole de garçons.
		Ecole de filles.
		Ecole maternelle.
10	Rue du Rendez-Vous, 63	Ecole de garçons.
11	Rue de Reuilly, 17	Ecole de filles.
12	Rue de Reuilly, 39	Ecole de garçons.
13	Rue de Reuilly, 57	Ecole de garçons.
		Ecole de filles.
		Ecole maternelle.
14	Rue de Reuilly, 64	Ecole de garçons.
15	Rue Ruty, 4	Ecole de filles.
16	Rue Ruty, 9	Ecole de filles.
17	Rue Elisa-Lemonnier, 15	Ecole maternelle.
18	Rue de Reuilly, 21	Ecole maternelle.
19	Rue Ruty, 9	Ecole maternelle.
20	Rue Traversière, 41	Ecole maternelle.
21	Rue de Wattignies, 52	Ecole de filles.
		Ecole maternelle.

TABLEAU numérique de la population scolaire de chaque École au 31 Décembre 1897.

DÉSIGNATION DES ÉCOLES	POPULATION scolaire	ENFANTS bénéficiant de la CANTINE	POUR CENT environ
GARÇONS			
Rue d'Aligre, 5	720	120	17
Rue Bignon, 4	650	82	13
Rue de Charenton, 51. . .	434	76	18
Rue de Charenton, 315 . .	520	98	19
Boulevard Diderot, 40. . .	637	78	12
Rue de Pomard, 4.	274	108	44
Rue du Rendez-Vous, 63 .	496	91	18
Rue de Reuilly, 39	446	98	22
Rue de Reuilly, 57	410	131	32
Rue de Reuilly, 74	309	67	22
TOTAUX	4.896	949	
FILLES			
Rue d'Aligre, 3	475	88	19
Rue Bignon, 6	523	43	8
Rue de Charenton, 49. . .	359	54	15
Rue de Cîteaux, 26	327	75	23
Impasse Jean-Bouton, 3 . .	442	76	17
Rue de la Lancette	335	70	21
Rue de Pomard, 6.	80	28	34
Rue de Reuilly, 17.	401	155	39
Rue de Reuilly, 57.	422	117	28
Rue Ruty, 4	303	74	25
Rue Ruty, 9	280	78	28
Rue de Wattignies, 52. . .	417	85	20
TOTAUX	4.364	943	

TABLEAU numérique de la population scolaire de chaque École au 31 Décembre 1897.

DÉSIGNATION DES ÉCOLES	POPULATION scolaire	ENFANTS bénéficiant de la CANTINE	POUR CENT environ
MATERNELLES			
Rue de Bercy, 5.	112	70	62
Rue de Cîteaux, 24	269	61	23
Rue Élisa-Lemonnier, 15. .	254	54	22
Impasse Guillaumot . . .	271	45	17
Rue de Reuilly, 21	90	28	31
Rue de Reuilly, 57	363	114	32
Rue Ruty, 7	290	91	32
Rue Traversière, 41. . . .	256	84	33
Rue de Wattignies, 52. . .	388	79	21
TOTAUX.	2.293	626	

RÉCAPITULATION des tableaux indiquant la population scolaire des Écoles de Garçons, Filles et Maternelles au 31 Décembre 1897.

DÉSIGNATION DES ÉCOLES	POPULATION scolaire	ENFANTS bénéficiant de la CANTINE	POUR CENT environ
Écoles de garçons.	4.896	949	19
Écoles de filles	4.364	943	22
Écoles maternelles	2.293	626	28
TOTAUX.	11.553	2.518	22

TABLEAU

indiquant par Cantine le nombre des Enfants
payants et nécessiteux.

N° D'ORDRE	DÉSIGNATION des CANTINES	DÉSIGNATION des ÉCOLES	ADMIS à la CANTINE	PAYANTS	NÉCESSITEUX	TOTAL par CANTINE
1	Rue d'Aligre, 3 et 5. .	École de Garçons	120	56	64	208
		École de Filles . .	88	42	46	
2	Rue Bignon, 4 et 6 . .	École de Garçons	82	19	63	125
		École de Filles . .	43	13	30	
3	Imp. Jean-Bouton, 5 et 7	École de Filles . .	76	18	58	121
		École Maternelle.	45	14	31	
4	R. de Charenton, 49 et 51	École de Filles . .	54	16	38	130
		École de Garçons	76	25	51	
5	Rue de la Lancette . .	École de Filles . .	70	43	27	70
6	Rue de Charenton, 315.	École de Garçons	98	47	51	98
7	Rue de Cîteaux, 24 et 26	École de Filles . .	75	21	54	136
		École Maternelle	61	19	42	
8	Boulevard Diderot, 40.	École de Garçons	78	28	50	78
9	Rue de Pomard. . . .	École de Garçons	108	40	68	206
		École de Filles . .	28	11	17	
		École Maternelle	70	24	46	
10	Rue du Rendez-Vous, 63	École de Garçons	91	32	59	91
11	Rue de Reuilly, 17 . .	École de Filles . .	155	38	117	155
12	Rue de Reuilly, 39 . .	École de Garçons	98	26	72	98
13	Rue de Reuilly, 57 . .	École de Garçons	131	33	98	362
		École de Filles . .	117	33	84	
		École Maternelle	114	31	83	
14	Rue de Reuilly, 74 . .	École de Garçons	67	22	45	67
15	Rue Ruty, 4	École de Filles . .	74	25	49	74
16	Rue Ruty, 9	École de Filles . .	78	29	49	78
17	Rue Élisa-Lemonnier, 15	École Maternelle	54	15	39	54
18	Rue de Reuilly, 21 . .	École Maternelle	28	11	17	28
19	Rue Ruty, 7	École Maternelle	91	38	53	91
20	Rue Traversière, 41. .	École Maternelle	84	34	50	84
21	Rue de Wattignies, 52.	École de Filles . .	85	24	61	164
		École Maternelle	79	19	60	
		TOTAUX.	2518	846	1672	2518

TABLEAU indiquant l'âge des Enfants fréquentant les Cantines.

N°. D'ORDRE	DÉSIGNATION des CANTINES	DÉNOMINATION des ÉCOLES	De 2 à 3 ans	De 3 à 4 ans	De 4 à 5 ans	De 5 à 6 ans	De 6 à 7 ans	De 7 à 8 ans	De 8 à 9 ans	De 9 à 10 ans	De 10 à 11 ans	De 11 à 12 ans	De 12 à 13 ans	De 13 ans et au-dessus	TOTAUX
1	Rue d'Aligre, 3 et 5 ...	École de Garçons.	»	»	»	»	19	10	23	20	16	14	8	10	120
		École de Filles...	»	»	»	»	5	11	12	12	10	16	8	14	88
2	Rue Bignon, 4 et 6	École de Garçons.	»	»	»	»	8	11	14	10	10	15	8	6	82
		École de Filles...	»	»	»	»	6	16	5	5	2	6	3	»	43
3	Imp. Jean-Bouton, 5 et 7	École de Filles...	»	»	»	»	13	14	17	7	8	6	9	2	76
		École Maternelle.	4	8	14	19	»	»	»	»	»	»	»	»	45
4	Rue de Charenton, 49 et 51	École de Garçons.	»	»	»	»	5	13	22	9	10	6	9	2	76
		École de Filles...	»	»	»	»	11	4	16	7	4	8	3	1	54
5	Rue de la Lancette.....	École de Filles...	»	»	»	»	10	11	13	10	6	11	6	3	70
6	Rue de Charenton, 315.	École de Garçons.	»	»	»	»	1	28	9	17	17	15	8	3	98
7	Rue de Citeaux, 24 et 26.	École de Filles...	»	»	»	»	5	9	11	18	14	11	7	»	75
		École Maternelle.	4	12	19	23	3	»	»	»	»	»	»	»	61
8	Boulevard Diderot, 40..	École de Garçons.	»	»	»	»	18	16	14	11	9	9	1	»	78
9	Rue de Pomard, 4.....	École de Garçons.	»	»	»	»	4	28	16	17	18	13	8	4	108
		École de Filles...	»	»	»	»	7	3	4	8	5	1	»	»	28
10	Rue du Rendez-Vous, 63	École Maternelle.	1	14	18	23	14	»	»	»	»	»	»	»	70
		École de Garçons.	»	»	»	»	»	12	14	15	14	14	17	5	91
11	Rue de Reuilly, 17.....	École de Filles...	»	»	.	»	8	28	18	23	31	28	17	2	155
	A reporter ...		9	34	51	65	137	214	208	189	174	173	112	52	1418

TABLEAU indiquant l'âge des Enfants fréquentant les Cantines (Suite).

N° D'ORDRE	DÉSIGNATION des CANTINES	DÉNOMINATION des ÉCOLES	De 2 à 3 ans	De 3 à 4 ans	De 4 à 5 ans	De 5 à 6 ans	De 6 à 7 ans	De 7 à 8 ans	De 8 à 9 ans	De 9 à 10 ans	De 10 à 11 ans	De 11 à 12 ans	De 12 à 13 ans	De 13 ans et au-dessus	TOTAUX
		Report …	9	34	51	65	137	214	208	189	174	173	112	52	1418
12	Rue de Reuilly, 39 …	École de Garçons.	»	»	»	»	8	14	18	15	15	15	13	»	98
13	Rue de Reuilly, 57 …	École de Garçons.	»	»	»	»	15	19	17	23	22	15	15	5	131
		École de Filles …	»	»	»	»	6	26	17	16	22	18	12	»	117
		École Maternelle.	9	26	35	37	7	»	»	»	»	»	»	»	114
14	Rue de Reuilly, 74 …	École de Garçons.	»	»	»	»	1	5	11	17	16	12	5	»	67
15	Rue Ruty, 4 …	École de Filles …	»	»	»	»	5	10	9	11	10	11	12	6	74
16	Rue Ruty, 9 …	École de Filles …	»	»	»	»	9	15	11	10	8	15	3	7	78
17	Rue Élisa-Lemonnier, 15	École Maternelle.	2	8	18	23	3	»	»	»	»	»	»	»	54
18	Rue de Reuilly, 21 …	École Maternelle.	3	8	7	8	2	»	»	»	»	»	»	»	28
19	Rue Ruty, 7 …	École Maternelle.	13	20	28	30	»	»	»	»	»	»	»	»	91
20	Rue Traversière, 41 …	École Maternelle.	1	17	21	40	5	»	»	»	»	»	»	»	84
21	Rue de Wattignies, 52 …	École de Filles …	»	»	»	»	7	9	16	12	10	14	15	2	85
		École Maternelle.	1	16	23	39	»	»	»	»	»	»	»	»	79
		TOTAUX …	38	129	183	242	205	312	307	293	277	273	187	72	2518

Résumé, par âge, du nombre des enfants bénéficiant de la Cantine scolaire

	Écoles maternelles	Écoles de garçons	Écoles de filles
Enfants de 2 à 3 ans . .	38	»	»
— 3 à 4 — . .	129	»	»
— 4 à 5 — . .	183	»	»
— 5 à 6 — . .	242	»	»
— 6 à 7 — . .	34	79	92
— 7 à 8 — . .	»	156	156
— 8 à 9 — . .	»	158	149
— 9 à 10 — . .	»	154	139
— 10 à 11 — . .	»	147	130
— 11 à 12 — . .	»	128	145
— 12 à 13 — . .	»	92	95
— 13 et au-dessus	»	35	37
Totaux	626	949	943
Total général . . .		2.518	

A tous les points de vue, le Comité de la Caisse des Écoles du XIIe Arrondissement ne peut donc que se féliciter de son idée première, de la façon dont les Cantines sont gérées et fonctionnent et des résultats considérables obtenus.

Le mouvement des opérations de nos Cantines a suivi, depuis leur fondation, une marche ascendante constante. Les dépenses qui, dans les *cinq* premières années, s'élevaient au chiffre moyen annuel de *quarante mille* francs environ, ont atteint, en 1897, la somme de soixante-dix mille francs, et cette somme sera encore dépassée de plusieurs milliers de francs à l'avenir, en raison du fonctionnement ininterrompu des Cantines le jeudi et pendant la durée des vacances. Par suite d'une décision du Conseil municipal, en date du 6 juillet 1896, et d'une note de M. le Préfet de la Seine, en date du 9 février 1897, elles sont, en effet, désormais ouvertes sans interruption le jeudi, pour les élèves fréquentant les classes de garde, et pendant les vacances scolaires, pour tous les élèves autorisés à fréquenter ces classes.

Cette extension progressive a exigé un labeur et un effort continus. La gérance de nos Cantines est, en effet, complexe et délicate. Il faut, d'une part, assurer aux *deux mille cinq cents* enfants de nos écoles qui bénéficient des bienfaits de cette institution si humanitaire, la nourriture quotidiennne préparée et servie selon les prescriptions du règlement; veiller à l'entretien et au renouvellement du matériel nécessaire au fonctionnement de nos 21 Cantines; examiner les demandes d'obtention de la gratuité, leur donner la suite qu'elles comportent; tenir soigneusement à jour la comptabilité générale et la comptabilité particulière à chaque école; assurer, chaque semaine, le paiement des Cantiniers; fournir, chaque trimestre, à la Direction de l'Enseignement, les documents faisant connaître la marche et le fonctionnement des Cantines; et, chaque année, établir les demandes de subvention en justifiant des allocations reçues et des besoins prévus. etc., etc. Et, d'autre part, tout en donnant satisfaction aux familles nombreuses et intéressantes, il faut éviter le gaspillage possible, l'abus, et tenir la main à la sauvegarde des intérêts financiers de la Ville de Paris.

Telle est, en résumé, l'œuvre à laquelle depuis plus de quinze ans, la Caisse des Écoles du XII° Arrondissement, dans sa sollicitude pour les enfants de l'arrondissement, ne cesse d'apporter un concours des plus actifs et des plus dévoués. Bien que modeste et sans éclat, cette institution est essentiellement humanitaire.

Les services importants qu'elles a rendus jusqu'à présent à la population et qu'elle espère étendre encore davantage dans l'avenir, sont déjà inappréciables.

Les Cantines sont devenues le complément indispensable des œuvres si utiles de la Caisse des Écoles. Elles sont pour les familles nécessiteuses, un secours véritable et permanent en même temps que pour les enfants d'une véritable efficacité pour leur bien-être et leur santé physique et morale. Ne sont-ils pas ainsi assurés de trouver chaque jour, à l'école même, une nourriture saine et des aliments chauds que, trop souvent, hélas! leurs parents pauvres, malades ou absents, ne peuvent leur donner, et, d'autre part, l'obligation de prendre ce repas à l'école n'est-elle pas une garantie pour les parents contre les mauvais exemples et les fréquentations de la rue auxquels seraient exposés leurs enfants pendant l'heure de loisir qu'ils auraient chez eux après le repas ?

A tous les points de vue, l'œuvre des Cantines scolaires est donc des plus précieuses; elle est une des formes les plus parfaites et les plus pratiques de la philanthropie bien comprise, de la fraternité intelligemment appliquée.

Puissent les milliers d'enfants qui, au cours de leurs années d'école, auront bénéficié des bienfaits de cette généreuse institution, se souvenir plus tard de la somme considérable de sacrifices, d'efforts et de soins qu'elle a coûtée chaque jour à la Ville de Paris, aux municipalités d'arrondissement et à leurs dévoués collaborateurs; puissent-ils, dans l'accomplissement de leurs devoirs de chefs de familles, témoigner de leur reconnaissance pour tous ces bienfaits, en montrant, qu'indépendamment de l'instruction qu'ils ont acquise à l'école, ils y ont également puisé ces sentiments de solidarité et d'amour du prochain qui font les bons citoyens !

Ils inculqueront à leur tour ces sentiments à leurs enfants, et les résultats féconds qui ne manqueront pas de se réaliser, seront la juste récompense des hommes de cœur qui se consacrent ardemment à l'amélioration de la condition matérielle et morale de l'enfance en n'épargnant ni leur temps, ni leurs peines.

ANNEXES

**N° 1. — Modèle de la carte donnant droit à la gratuité
de la Cantine scolaire.**

GARÇONS (Carte verte)

RÉPUBLIQUE FRANÇAISE

Liberté, Égalité, Fraternité

VILLE DE PARIS

Caisse des Écoles du XIIᵉ Arrondissement

La gratuité de la Cantine scolaire a été accordée

à ....

élève de l'École rue ....

par décision en date du ....

LE MAIRE,

Nᵒ 1 bis. — Modèle de la carte donnant droit à la gratuité
de la Cantine scolaire

FILLES (Carte bleue)

RÉPUBLIQUE FRANÇAISE

Liberté, Égalité, Fraternité

VILLE DE PARIS

Caisse des Écoles du XIIᵉ Arrondissement

La gratuité de la Cantine scolaire a été accordée

à ....

élève de l'École rue ....

par décision en date du ....

LE MAIRE,

RÉPUBLIQUE FRANÇAISE

Liberté, Égalité, Fra. rnité

VILLE DE PARIS

Caisse des Écoles du XIIe Arrondissement

La gratuité de la Cantine scolaire a été accordée

à ....

élève de l'École rue ....

par décision en date du ....

LE MAIRE,

MATERNELLE (Carte grise)

N° 1 ter. — Modèle de la carte donnant droit à la gratuité de la Cantine scolaire

**N° 2. — Modèle de l'État numérique que les Directeurs
et Directrices doivent fournir chaque semaine**

CAISSE des ÉCOLES du XIIe ARRONDISSEMENT

Service des Cantines Scolaires

École...

ÉTAT RÉCAPITULATIF

des Bons de Cantine délivrés du...................*au*...................

DATES	NOMBRE de BONS DÉLIVRÉS		OBSERVATIONS
	GRATUITEMENT	A 0 FR. 10 C.	
Jeudi			
Vendredi			
Samedi			
Lundi.			
Mardi.			
Mercredi.			
Totaux.			

L   Direct

MAIRIE DU XIIᵉ ARRONDISSEMENT

CANTINES SCOLAIRES

ÉTAT des Sommes payées aux Cantiniers des Écoles primaires et maternelles, ci-après désignés, le

DÉSIGNATION DES ÉCOLES	NOMS DES CANTINIERS	BONS à 0 fr. 15 Écoles primaires		BONS à 0 fr. 125 Écoles maternelles		TOTAL des sommes payées	ÉMARGEMENTS	RATIONS DE PAIN à 0 fr. 10	
		Nombre	Sommes	Nombre	Sommes			Nombre	Sommes
Rue d'Aligre, 3-5.									
Rue Bignon, 4-6									
Impasse Jean-Bouton, 5-7. . .									
Rue de Charenton, 49-51. . .									
Rue de la Lancette									
Rue de Charenton, 315. . . .									
Rue de Citeaux, 24-26.									
Boulevard Diderot, 40. . : . .									
Rue de Pomard									
Rue de Rendez-Vous, 63. .									
Rue de Reuilly, 17.									
Rue de Reuilly, 39.									
Rue de Reuilly, 57									
Rue de Reuilly, 74									
Rue Ruty, 4.									
Rue Ruty, 9.									
Rue Elisa-Lemonnier, 15 . . .									
Rue de Reuilly, 21									
Rue Ruty, 7.									
Rue Traversière, 41.									
Rue de Wattignies, 52									

Certifié véritable le présent État s'élevant à la Somme de ————————————

Paris, le   LE MAIRE DU XIIᵉ ARRONDISSEMENT.

N° 4. — Modèle de l'État de demande de bons gratuits.

CAISSE DES ÉCOLES DU XII° ARRONDISSEMENT

Service des Cantines Scolaires

ÉCOLE

Reçu de M. le Trésorier de la Caisse des Écoles, du XII° Arrondissement

Bons de Cantine, pour être délivrés gratuitement.

Paris, le 189

L   DIRECT

N° 5. — Modèle de l'État de demande de bons payants.

CAISSE DES ÉCOLES DU XIIe ARRONDISSEMENT

Service des Cantines Scolaires

ÉCOLE

Reçu de M. le Trésorier de la Caisse des Ecoles du XIIe Arrondissement

Bons de Cantine, pour être vendus o fr. 10 l'un.

Paris, le   189

L   DIRECT

PARIS

IMPRIMERIE BOULLAY.

2, PLACE DU CAIRE, 2

www.ingramcontent.com/pod-product-compliance
Lightning Source LLC
Chambersburg PA
CBHW061219030726

47595CB00004B/1318